MELICERTE PASTORALE

MELICERTE,

COMEDIE

PASTORALE HEROIQUE.

PAR

J. B. P. DE MOLIERE.

A AMSTERDAM,

Chez GUILLAUME LE JEUNE,

M. DC. LXXXIX.

PERSONNAGES.

ACANTE, Amant de Daphné.
TYRENE, Amant d'Eroxene.
DAPHNE', Bergere.
EROXENE, Bergere.
LYCARSIS, Paſtre, crû pere de Myrtil.
MYRTIL, Amant de Melicerte.
MELICERTE Nymphe ou Bergere, Amante de
   Myrtil.
CORINE, Confidente de Melicerte.
NICANDRE, Berger.
MOPSE Berger, crû Oncle de Melicerte.

*La Scene eſt en Theſſalie dans la
Valée de Tempé.*

ME-

MELICERTE,

COMEDIE

PASTORALE HEROIQUE.

ACTE PREMIER.

SCENE PREMIERE.

TYRENE, DAPHNE', ACANTE, EROXENE.

ACANTE.

H! charmante Daphné.

TYRENE.

Trop aimable Eroxene.

DAPHNE'

Acante laisse-moy.

EROXENE.

Ne me suis point, Tyrene.

ACANTE.

Pourquoy me chasses-tu ?

TYRENE.

Pourquoy fuis-tu mes pas!

P 2   DAPH-

DAPHNE'
Tu me plais loin de moy.

EROXENE.
Je m'ayme où tu n'es pas.

ACANTE.
Ne cesseras-tu point cette rigueur mortelle?

TYRENE.
Ne cesseras-tu point de m'estre si cruelle?

DAPHNE'.
Ne cesseras tu point tes inutiles vœux?

EROXENE.
Ne cesseras tu point de m'estre si fâcheux?

ACANTE.
Si tu n'en prends pitié, je succombe à ma peine.

TYRENE.
Si tu ne me secours, ma mort est trop certaine.

DAPHNE'.
Si tu ne veux partir, je vais quitter ce lieu.

EROXENE.
Si tu veux demeurer, je te vais dire adieu.

ACANTE.
Hé bien en m'éloignant, je te vais satisfaire.

TYRENE.
Mon départ va t'oster ce qui te peut déplaire.

ACANTE.
Genereuse Eroxene, en faveur de mes feux,
Daigne au moins par pitié luy dire un mot ou deux.

TYRENE.
Obligeante Daphné, parle à cette inhumaine,
Et sçache d'où pour moy procede tant de haine.

SCENE II.

DAPHNE', EROXENE.

EROXENE.
ACante a du merite, & t'aime tendrement.
D'où vient que tu luy fais un si dur traitement?

DAPH-

DAPHNE'.

Tyrene vaut beaucoup, & languit pour tes charmes;
D'où vient que sans pitié tu vois couler ses larmes?

EROXENE.

Puis que j'ay fait icy la demande avant toy,
La raison te condamne à répondre avant moy.

DAPHNE'.

Pour tous les soins d'Acante, on me voit inflexi-
   ble,
Parce qu'à d'autres feux je me trouve sensible.

EROXENE.

Je ne fais pour Tyrene éclater que rigueur,
Parce qu'un autre choix est maistre de mon cœur.

DAPHNE'.

Puis-je sçavoir de toy ce choix qu'on te voit tai-
   re?

EROXENE.

Oüy, si tu veux du tien m'apprendre le mistere.

DAPHNE'.

Sans te nommer celuy qu'Amour m'a fait choi-
   sir,
Je puis facilement contenter ton desir,
Et de la main d'Atis, ce Peintre inimitable,
J'en garde dans ma poche un portrait admira-
   ble,
Qui jusqu'au moindre trait luy ressemble si fort,
Qu'il est seur que tes yeux le connoistront d'a-
   bord.

EROXENE.

Je puis te contenter par une mesme voye,
Et payer ton secret en pareille monnoye.
J'ay de la main aussi de ce Peintre fameux,
Un aimable Portrait de l'objet de mes vœux,
Si plein de tous ses traits & de sa grace extrème,
Que tu pourras d'abord te le nommer toy-mesme.

P 3

DAPH-

DAPHNE'.

La boëte que le Peintre a fait faire pour moy,
Est tout à fait semblable à celle que je voy.

EROXENE.

Il est vray, l'une à l'autre entierement ressemblé,
Et certe, il faut qu'Atis les ait fait faire ensemble.

DAPHNE'.

Faisons en mesme temps par un peu de couleurs,
Confidence à nos yeux du secret de nos cœurs.

EROXENE.

Voyons à qui plus viste entendra ce langage,
Et qui parle le mieux de l'un ou l'autre ouvrage.

DAPHNE'.

La méprise est plaisante, & tu te broüilles bien,
Au lieu de ton portrait tu m'as rendu le mien.

EROXENE.

Il est vray, je ne sçay comme j'ay fait la chose.

DAPHNE'.

Donne. De cette erreur ta resverie est cause.

EROXENE.

Que veut dire cecy ? nous nous joüons, je croy,
Tu fais de ces Portraits mesme chose que moy.

DAPHNE'.

Certe, c'est pour en rire, & tu peux me le rendre.

EROXENE.

Voicy le vray moyen de ne se point méprendre.

DAPHNE'.

De mes sens prevenus est-ce une illusion ?

EROXENE.

Mon ame sur mes yeux fait elle impression ?

DAPHNE'.

Myrtil à mes regards s'offre dans cét ouvrage.

EROXENE.

De Myrtil dans ces traits, je rencontre l'Image.

DAPHNE'.

C'est le jeune Myrtil qui fait naistre mes feux.

EROXENE.

C'est au jeune Myrtil que tendent tous mes vœux.

DAPH-

DAPHNE'.

Je venois adjourd'huy te prier de luy dire,
Les soins que pour son sort son merite m'inspire.

EROXENE.

Je venois te chercher pour servir mon ardeur,
Dans le dessein que j'ay de m'assurer son cœur.

DAPHNE'.

Cette ardeur qu'il t'inspire est elle si puissante?

EROXENE.

L'aimes tu d'une amour qui soit si violente?

DAPHNE'.

Il n'est point de froideur qu'il ne puisse enfla-
mer,
Et sa grace naissante a dequoy tout charmer.

EROXENE.

Il n'est Nymphe en l'aimant qui ne se tinst heureuse,
Et Diane sans honte en seroit amoureuse.

DAPHNE'.

Rien que son air charmant ne me touche aujour-
d'huy ;
Et si j'avois cent cœurs, ils seroient tous pour
luy.

EROXENE.

Il efface à mes yeux tout ce qu'on voit paroistre,
Et si j'avois un Sceptre, il en seroit le Maistre.

DAPHNE'.

Ce seroit donc en vain qu'à chacune en ce jour,
On nous voudroit du sein arracher cet amour.
Nos ames dans leurs vœux sont trop bien affer-
mies ;
Ne taschons, s'il se peut, qu'à demeurer amies;
Et puis qu'en mesme temps pour le mesme sujet,
Nous avons toutes deux formé mesme projet,
Mettons dans ce debat la franchise en usage,
Ne prenons l'une & l'autre aucun lâche avantage.

P 4

Et-

Et courons nous ouvrir ensemble à Lycarsis,
Des tendres sentimens où nous jette son fils.

EROXENE.

J'ay peine à concevoir, tant la surprise est for-
te,
Comme un tel fils est né d'un pere de la sorte,
Et sa taille, son air, sa parole & ses yeux,
Feroient croire qu'il est issu du sang des Dieux :
Mais enfin j'y souscris, courons trouver ce pere,
Allons-luy de nos cœurs découvrir le mistere,
Et consentons qu'aprés Myrtil, entre nous deux,
Décide par son choix ce combat de nos vœux.

DAPHNE'.

Soit, je voy Lycarsis avec Mopse & Nicandre,
Ils pourront le quitter, cachons nous pour l'at-
tendre.

SCENE III.

LYCARSIS, MOPSE, NICANDRE.

NICANDRE.

DY-nous donc ta nouvelle.
LYCARSIS
Ah, que vous me pressez !
Cela ne se dit pas comme vous le pensez.

MOPSE.

Que de sottes façons, & que de badinage,
Menalque pour chanter n'en fait pas davantage.
LYCARSIS.
Parmy les curieux des affaires d'Estat,
Une nouvelle à dire est d'un puissant éclat.
Je me veux mettre un peu sur l'homme d'impor-
tance,
Et joüir quelque temps de vôtre impatience.

NICANDRE.

Veux-tu par tes delais nous fatiguer tous deux?

MOPSE.

Prends-tu quelque plaisir à te rendre fascheux?

NICANDRE.

De grace, parle, & mets ces mines en arrie-
re.

LYCARSIS.

Priez-moy donc tous deux de la bonne maniere,
Et me dites chacun quel don vous me ferez,
Pour obtenir de moy ce que vous desirez.

MOPSE.

La peste soit du fat, laissons-le là, Nicandre,
Il brûle de parler bien plus que nous d'entendre.
Sa nouvelle luy pese, il veut s'en décharger,
Et ne l'écouter pas, est le faire enrager.

LYCARSIS.

Eh.

NICANDRE.

Te voila puny de tes façons de faire.

LYCARSIS.

Je m'en vais vous le dire, écoutez.

MOPSE.

Point d'affaires.

LYCARSIS.

Quoy vous ne voulez pas m'entendre?

NICANDRE.

Non.

LYCARSIS.

Et bien,
Je ne diray donc mot, & vous ne sçaurez rien.

MOPSE.

Soit.

LYCARSIS.

Vous ne sçaurez pas qu'avec magnificence,
Le Roy vient d'honorer Tempé de sa presence:
Qu'il entra dans Larisse hier sur le haut du jour:
Qu'à l'aise je l'y vis avec toute sa Cour;

P 5

Qu?

Que ces bois vont joüir aujourd'huy de sa veüe,
Et qu'on raisonne fort touchant cette venuë.
NICANDRE.
Nous n'avons pas envie aussi de rien sçavoir.
LYCARSIS.
Je vis cent choses là ravissantes à voir.
Ce ne sont que Seigneurs, qui des pieds à la teste
Sont brillans & parez comme au jour d'une feste,
Ils surprennent la veüe & nos prez au Printemps,
Avec toutes leurs fleurs sont bien moins éclatans.
Pour le Prince entre tous, sans peine on le remarque,
Et d'une stade loin, il sent son grand Monarque,
Dans toute sa personne, il a je ne sçay quoy,
Qui d'abord fait juger que c'est un maître Roy.
Il le fait d'une grace à nulle autre seconde,
Et cela sans mentir luy sied le mieux du monde.
On ne croiroit jamais comme de toutes parts,
Toute sa Cour s'empresse à chercher ses regards :
Ce sont autour de luy confusions plaisantes,
Et l'on diroit d'un tas de mouches reluisantes,
Qui suivent en tous lieux un doux rayon de miel.
Enfin, l'on ne voit rien de si beau sous le Ciel,
Et la feste de Pan parmy nous si cherie,
Auprés de ce spectacle est une gueuserie :
Mais puis que sur le fier vous vous tenez si bien,
Je garde ma nouvelle, & ne veux dire rien.
MOPSE.
Et nous ne te voulons aucunement entendre.
LYCARSIS.
Allez vous promener.
MOPSE.
Va-t en te faire pendre.

SCE-

SCENE IV.

EROXENE, DAPHNE', LYCARSIS.

LYCARSIS.

C'est de cette façon que l'on punit les gens,
Quand ils font les benets & les impertinens.

DAPHNE'.

Le Ciel tienne, Pasteur, vos brebis toûjours sai-
nes.

EROXENE.

Cerés tienne de grains vos granges toûjours plei-
nes.

LYCARSIS.

Et le grand Pan vous donne à chacune un Epoux,
Qui vous aime beaucoup, & soit digne de vous.

DAPHNE'.

Ah, Lycarsis, nos vœux à mesme but aspirent.

EROXENE.

C'est pour le mesme objet que nos deux cœurs sou-
pirent.

DAPHNE'.

Et l'amour, cét Enfant qui cause nos langueurs,
A pris chez vous le trait dont il blesse nos cœurs.

EROXENE.

Et nous venons icy chercher vôtre alliance,
Et voir qui de nous deux aura la preferance.

LYCARSIS.

Nymphes....

DAPHNE'.

Pour ce bien seul nous poussons des soûpirs.

LYCARSIS.
Je suis. . . .

EROXENE.
A ce bonheur tendent tous nos desirs.

DAPHNE'.
C'est un peu librement expliquer sa pensée.

LYCARSIS.
Pourquoy ?

EROXENE.
La bienseance y semble un peu blessée.

LYCARSIS.
Ah point !

DAPHNE'.
Mais quand le cœur brûle d'un noble feu,
On peut sans nulle honte en faire un libre aveu.

LYCARSIS.
Je. . . .

EROXENE.
Cette liberté nous peut estre permise,
Et du choix de nos cœurs la beauté l'autorise.

LYCARSIS.
C'est blesser ma pudeur que me flater ainsi.

EROXENE.
Non, non, n'affectez point de modestie icy.

DAPHNE',
Enfin tout nôtre bien est en vôtre puissance.

EROXENE.
C'est de vous que dépend nôtre unique esperan-
ce.

DAPHNE'.
Trouverons-nous en vous quelques difficultez ?

LYCARSIS.
Ah !

EROXENE.
Nos vœux, dites moy, seront-ils rejettez ?

LY.

LYCARSIS.

Non; j'ay receu du Ciel une ame peu cruelle,
Je tiens de feu ma femme, & je me sens comme elle
   elle
Pour les desirs d'autruy beaucoup d'humanité,
Et je ne suis point homme à garder de fierté.

DAPHNE'.

Accordez donc Myrtil à nôtre amoureux zele.

EROXENE.

Et souffrez que son choix regle nôtre querelle.

LYCARSIS.

Myrtil?

DAPHNE'.

Oüy, c'est Myrtil que de vous nous voulons.

EROXENE.

De qui pensez-vous donc qu'icy nous vous parlons?

LYCARSIS.

Je ne sçay, mais Myrtil n'est guere dans un âge
Qui soit propre à ranger au joüg du mariage.

DAPHNE'.

Son merite naissant peut fraper d'autres yeux,
Et l'on veut s'engager un bien si precieux,
Prevenir d'autres cœurs, & braver la fortune
Sous les fermes liens d'une chaisne commune.

EROXENE.

Comme par son esprit & ses autres brillans,
Il rompt l'ordre commun & devance le temps,
Nôtre flâme pour luy veut en faire de mesme,
Et regler tous ses vœux sur son merite extrême.

LYCARSIS.

Il est vray qu'à son âge, il surprend quelquefois.
Et cét Athenien qui fut chez moy vingt mois,
Qui le trouvant joly, se mit en fantaisie
De luy remplir l'esprit de sa philosophie,
Sur de certains discours l'a rendu si profond,
Que tout grand que je suis, souvent il me confond;
Mais avec tout cela, ce n'est encore qu'enfance,
Et son fait est mélé de beaucoup d'innocence.

P 7 DAPH-

D A P H N E'.

Il n'est point tant enfant, qu'à le voir chaque jour,
Je ne le croye atteint déja d'un peu d'amour,
Et plus d'une avanture à mes yeux s'est offerte
Où j'ay connu qu'il suit la jeune Melicerte.

E R O X E N E.

Ils pourroient bien s'aimer, & je voy....

L Y C A R S I S

Franc abus,

Pour elle passe encore, elle a deux ans de plus,
Et deux ans dans son sexe est une grande avance.
Mais pour luy, le jeu seul l'occupe tout, je pense,
Et les petits desirs de se voir ajusté
Ainsi que les Bergers de haute qualité.

D A P H N E'.

Enfin nous desirons par le nœud d'hymenée,
Attacher sa fortune à nôtre déstinée.

E R O X E N E.

Nous voulons l'une & l'autre avec pareille ardeur,
Nous assurer de loin l'empire de son cœur.

L Y C A R S I S.

Je m'en tiens honoré autant qu'on sçauroit croire.
Je suis un pauvre Pastre, & ce m'est trop de gloi-
  re,
Que deux Nymphes d'un rang le plus haut du païs,
Disputent à se faire un époux de mon fils.
Puis qu'il vous plaist qu'ainsi la chose s'execute,
Je consens que son choix regle vôtre dispute,
Et celle qu'à l'écart laissera cét arrest,
Pourra pour son recours m'epouser, s'il luy plaît.
C'est toûjours même sang & presque même chose.
Mais le voicy, souffrez qu'un peu je le dispose,
Il tient quelque moineau qu'il a pris fraischement,
Et voila ses amours & son attachement.

S C E-

SCENE V.

MYRTIL, LYCARSIS, EROXENE, DAPHNE'.

MYRTIL.

INnocente petite beste,
  Qui contre ce qui vous arreste,
Vous debattez tant à mes yeux,
De vôtre liberté ne plaignez point la perte,
  Vôtre destin est glorieux,
  Je vous ay pris pour Melicerte.

Elle vous baisera vous prenant dans sa main,
  Et de vous mettre en son sein,
  Elle vous fera la grace.
Est-il un sort au monde & plus doux & plus beau ?
Et qui des Rois, helas ! heureux petit moineau,
  Ne voudroit estre en vôtre place ?

LYCARSIS.
Myrtil, Myrtil, un mot, laissons-là ces joyaux,
Il s'agit d'autre chose icy que de moineaux.
Ces deux Nymphes, Myrtil, à la fois te preten-
    dent,
Et tout jeune déja pour époux te demandent.
Je dois par un Hymen t'engager à leurs vœux,
Et c'est toy que l'on veut qui choisisse des deux.

MYRTIL.
Ces Nymphes....

LYCARSIS.
  Oüy, des deux tu peux en choisir une;
Voy quel est ton bonheur, & benis la fortune.

MYRTIL.
Ce choix qui m'est offert, peut il m'estre un bonheur,

S'il n'est aucunement souhaité de mon cœur ?
LYCARSIS.

Enfin, qu'on le reçoive, & que sans le confondre,
A l'honneur qu'elles font, on songe à bien répon-
    dre.

EROXENE.

Malgré cette fierté qui regne parmy nous,
Deux Nymphes, ô Myrtil, viennent s'offrir à
    vous,
Et de vos qualitez les merveilles éclofes,
Font que nous renverfons icy l'ordre des chofes.

DAPHNE'.

Nous vous laiffons, Myrtil, pour l'avis le meil-
    leur,
Confulter fur ce choix vos yeux & vôtre cœur,
Et nous n'en voulons point prevenir les fuffrages
Par un recit paré de tous nos avantages.

MYRTIL.

C'eft me faire un honneur dont l'éclat me furprend;
Mais cet honneur pour moy, je l'avoüe, eft trop
    grand.
A vos rares bontez, il faut que je m'oppofe;
Pour meriter ce fort, je fuis trop peu de chofe !
Et je ferois fafché, quels qu'en foient les appas,
Qu'on vous blafmaft pour moy de faire un choix
    trop bas.

EROXENE.

Contentez nos defirs, quoy qu'on en puiffe croire,
Et ne vous chargez point du foin de nôtre gloire.

DAPHNE'.

Non, ne defcendez point dans ces humilitez,
Et laiffez-nous juger ce que vous meritez.

MYRTIL.

Le choix qui m'eft offert s'oppofe à vôtre attente,
Et peut feul empefcher que mon cœur vous con-
    tente.
Le moyen de choifir de deux grandes beautez,
Egales en naiffance, & rares qualitez ?

Rejetter

Rejetter l'une ou l'autre est un crime effroyable,
Et n'en choisir aucune est bien plus raisonnable.

EROXENE.

Mais en faisant refus de répondre à nos vœux,
Au lieu d'une, Myrtil, vous en outragez deux.

DAPHNÉ.

Puis que nous consentons à l'arrest qu'on peut ren-
          dre,
Ces raisons ne font rien à vouloir s'en défendre.

MYRTIL.

Et bien, si ces raisons ne vous satisfont pas,
Celle cy le fera, j'aime d'autres appas,
Et je sens bien qu'un cœur, qu'un bel objet engage
Est insensible & sourd à tout autre avantage.

LYCARSIS.

Comment donc ? qu'est cecy ? qui l'eust pû presu-
          mer ?
Et sçavez-vous, morveux, ce que c'est que d'aimer.

MYRTIL.

Sans sçavoir ce que c'est, mon cœur a sçeu le fai-
          re.

LYCARSIS.

Mais cét amour me choque, & n'est pas necessai-
          re.

MYRTIL.

Vous ne deviez donc pas, si cela vous déplaist,
Me faire un cœur sensible & tendre comme il est.

LYCARSIS.

Mais ce cœur que j'ay fait, me dõit obeïssance.

MYRTIL.

Oüy, lors que d'obeïr il est en sa puissance.

LYCARSIS.

Mais enfin, sans mon ordre, il ne doit point ai-
          mer.

MYRTIL.

Que n'empeschiez-vous donc que l'on peust le
          charmer ?

                                        Ly-

LYCARSIS.
Et bien, je vous défends que cela continuë.
MYRTIL.
La défense, j'ay peur, sera trop tard venuë.
LYCARSIS.
Quoy, les peres n'ont pas des droits superieurs ?
MYRTIL.
Les Dieux qui sont bien plus ne forcent point les
coeurs.
LYCARSIS.
Les Dieux.... Paix, petit sot, cette philosophie
Me....
DAPHNE'.
Ne vous mettez point en courroux, je vous prie.
LYCARSIS.
Non, je veux qu'il se donne à l'une pour époux,
Où je vay luy donner le foüet tout devant vous :
Ah, ah, je vous feray sentir que je suis pere.
DAPHNE'.
Traitons, de grace, icy les choses sans colere.
EROXENE.
Peut on sçavoir de vous cét objet si charmant,
Dont la beauté, Myrtil, vous a fait son Amant ?
MYRTIL.
Melicerte, Madame, elle en peut faire d'autres.
EROXENE.
Vous comparez, Myrtil, ses qualitez aux nostres ?
DAPHNE'.
Le choix d'elle & de nous est assez inégal.
MYRTIL
Nymphes, au nom des Dieux, n'en dites point de
mal,
Daignez considerer, de grace, que je l'aime,
Et ne me jettez point dans un desordre extrême.
Si j'outrage en l'aimant vos celestes attrais,
Elle n'a point de part au crime que je fais :
C'est de moy, s'il vous plaist, que vient toute l'of-
fense.

Il est vray d'elle à vous, je sçay la difference,
Mais par sa destinée on se trouve enchaisné,
Et je sens bien enfin que le Ciel m'à donné
Pour vous tout le respect, Nymphes, imaginable :
Pour elle tout l'amour dont une ame est capable.
Jé vois à la rougeur qui vient de vous saisir,
Que ce que je vous dy ne vous fait pas plaisir.
Si voüz parlez, mon cœur apprehende d'entendre
Ce qui peut le blesser par l'endroit le plus tendre :
Et pour me dérober à de semblables coups,
Nymphes, j'aime bien mieux prendre congé de
     vous.

L Y C A R S I S.

Myrtil, hola, Myrtil, veux tu revenir, traistre ?
Il fuit, mais on verra qui de nous est le maistre.
Ne vous effrayez point de tous ces vains transports,
Vous l'aurez pour époux, j'en réponds corps pour
     corps.

Fin du premier Acte.

A C T E

ACTE II.

SCENE PREMIERE.

MELICERTÉ, CORINE.

MELICERTE.

AH, Corine, tu viens de l'apprendre
    de Stelle,
Et c'est de Lycarsis qu'elle tient la
    nouvelle.

CORINE.

Oüy.

MELICERTE.

Que les qualitez, dont Myrtil est orné,
Ont sçeu toucher d'amour Eroxene & Daphné.

CORINE.

Oüy.

MELICERTE.

Que pour l'obtenir leur ardeur est si grande,
Qu'ensemble elles en ont déja fait la demande,
Et que dans ce debat elles ont fait dessein
De passer dés cette heure à recevoir sa main.
Ah, que tes mots ont peine à sortir de ta bouche,
Et que c'est foiblement que mon soucy te touche.

CORINE.

Mais quoy, que voulez-vous, c'est-là la verité,
Et vous redites tout, comme je l'ay conté.

MELICERTE.

Mais comment Lycarsis reçoit-il cette affaire?

CORINE.

Comme un honneur, je croy, qui doit beaucoup
    luy plaire.

ME-

MELICERTE.
Et ne vois-tu pas bien, toy qui sçais mon ardeur,
Qu'avec ce mot, helas ? tu me perces le cœur.
CORINE.
Comment ?

MELICERTE.
Me mettre aux yeux que le sort implacable,
Auprés d'elles me rend trop peu considerable,
Et qu'à moy par leur rang on les va preferer,
N'est-ce pas une idée à me desesperer ?
CORINE.
Mais quoy ? je vous réponds & dis ce que je pense.
MELICERTE.
Ah, tu me fais mourir par ton indifference.
Mais dy, quels sentimens Myrtil a t-il fait voir ?
CORINE.
Je ne sçay.

MELICERTE.
Et c'est-là ce qu'il faloit sçavoir,
Cruelle.

CORINE.
En verité, je ne sçay comment faire,
Et de tous les costez je trouve à vous déplaire.
MELICERTE.
C'est que tu n'entres point dans tous les mouve-
mens
D'un cœur helas, remply de tendres sentimens.
Va-t-en, laisse-moy seule en cette solitude
Passer quelques momens de mon inquietude.

SCENE II.

MELICERTE.

VOus le voyez, mon cœur, ce que c'est que d'ai-
mer,
Et Belise avoit sçeu trop bien m'en informer.
Cette charmante mere avant sa destinée,
Me disoit une fois sur le bord du Pénée,

                                                        Ma

Ma fille, songe à toy, l'amour aux jeunes cœurs
Se presente toûjours entouré de douceurs.
D'abord il n'offre aux yeux que choses agreables :
Mais il traisne aprés luy des troubles effroyables.
Et si tu veux passer tes jours dans quelque paix,
Toûjours comme d'un mal défend-toy de ses
       traits.
De ces leçons, mon cœur, je m'estois souvenuë :
Et quand Myrtil venoit à s'offrir à ma veuë,
Qu'il joüoit avec moy, qu'il me rendoit des soins,
Je vous disois toûjours de vous y plaire moins ;
Vous ne me creustes point, & vôtre complaisance
Se vit bien tost changée en trop de bien-veillance.
Dans ce naissant amour qui flatoit vos desirs,
Vous ne vous figuriez que joye & que plaisirs :
Cependant vous voyez la cruelle disgrace,
Dont en ce triste jour le destin vous menace,
Et la peine mortelle où vous voila reduit.
Ah, mon cœur ! ah, mon cœur ! je vous l'avois
      bien dit :
Mais tenons, s'il se peut nôtre douleur couverte.
Voicy. …

SCENE III.

MYRTIL, MELICERTE.

MYRTIL.

J'Ay fait tantost, charmante Melicerte,
  Un petit prisonnier que je garde pour vous,
Et dont peut-estre un jour je deviendray jaloux.
C'est un jeune Moineau, qu'avec un soin extrême
Je veux pour vous l'offrir apprivoiser moy même.
Le present n'est pas grand ; mais les divinitez
Ne jettent leurs regards que sur les volontez.
C'est le cœur qui fait tout, & jamais la richesse
Des presens que. … Mais Ciel, d'où vient cette
     tristesse ?

Qu'avez-

Qu'avez-vous, Melicerte, & quel sombre chagrin
Seroit dans vos beaux yeux répandu ce matin ?
Vous ne répondez point ? & ce morne silence
Redouble encore ma peine & mon impatience.
Parlez, de quel ennuy ressentez vous les coups ?
Qu'est ce donc ?

MELICERTE.

Ce n'est rien.

MYRTIL.

Ce n'est rien, dites-vous ?
Et je voy cependant vos yeux couverts de larmes,
Cela s'accorde-t il, beauté pleine de charmes ?
Ah, ne me faites point un secret dont je meurs,
Et m'expliquez, helas ! ce que disent ces pleurs.

MELICERTE.

Rien ne me serviroit de vous le faire entendre.

MYRTIL.

Devez-vous rien avoir que je ne doive apprendre,
Et ne blessez-vous pas nôtre amour aujourd'huy,
De vouloir me voler ma part de vôtre ennuy ?
Ah. ne le cachez point à l'ardeur qui m'inspire.

MELICERTE,

Hé bien, Myrtil, hé bien, il faut donc vous le
   dire :
J'ay sçeu que par un choix plein de gloire pour
   vous,
Eroxene & Daphné vous veulent pour Epoux :
Et je vous avoüeray que j'ay cette foiblesse,
De n'avoir pû, Myrtil, le sçavoir sans tristesse,
Sans accuser du sort la rigoureuse loy,
Qui les rend dans leurs vœux préferables à moy.

MYRTIL.

Et vous pouvez l'avoir cette injuste tristesse,
Vous pouvez soupçonner mon amour de foiblesse,
Et croire qu'engagé par des charmes si doux,
Je puisse estre jamais à quelqu'autre qu'à vous ?
Que je puisse accepter une autre main offerte ?
Hé, que vous ay je fait, cruelle Melicerte ?

Pour

Pour traiter ma tendresse avec tant de rigueur,
Et faire un jugement si mauvais de mon cœur?
Quoy, faut il que de luy vous ayez quelque crain-
te,
Je suis bien mal-heureux de souffrir cette atteinte:
Et que me sert d'aimer comme je fais, helas,
Si vous estes si preste à ne le croire pas.

MELICERTE.

Je pourrois moins, Myrtyl, redouter ces Rivales,
Si les choses estoient de part & d'autre égales.
Et dans un rang pareil j'oserois esperer,
Que peut-estre l'Amour me feroit preferer:
Mais l'inégalité de bien & de naissance,
Qui peut d'elles à moy faire la difference....

MYRTIL.

Ah, leur rang de mon cœur ne viendra point à
bout,
Et vos divins appas vous tiennent lieu de tout.
Je vous aime, il suffit, & dans vôtre personne,
Je voy Rang, Biens, Tresors, Etats, Sceptres, Cou-
ronne,
Et des Rois les plus grands m'offrît on le pouvoir,
Je n'y changerois pas le bien de vous avoir.
C'est une verité toute sincere & pure,
Et pouvoir en douter est me faire une injure.

MELICERTE.

Hé bien, je croy, Myrtil, puis que vous le vou-
lez,
Que vos vœux par leur rang ne sont point ébran-
lez,
Et que bien qu'elles soient Nobles, riches & belles,
Vôtre cœur m'aime assez pour me mieux aimer
qu'elles:
Mais ce n'est pas d'Amour dont vous suivez la
voix,
Vôtre pere, Myrtil, reglera vôtre choix,
Et de mesme qu'à vous je ne luy suis pas chere,
Pour preferer à tout une simple Bergere.

MYR-

M Y R T I L.

Non, chere Melicerte, il n'eſt pere ny Dieux
Qui me puiſſent forcer à quiter vos beaux yeux,
Et toûjours de mes vœux, Reyne comme vous
    eſtes. . . .

M E L I C E R T E.

Ah, Myrtil, prenez garde à ce qu'icy vous fai-
    tes,
N'allez point preſenter un eſpoir à mon cœur,
Qu'il recevroit peut-eſtre avec trop de douceur,
Et qui tombant aprés comme un éclair qui paſſe,
Me rendroit plus cruel le coup de ma diſgrace.

M Y R T I L.

Quoy, faut-il des ſermens appeller le ſecours,
Lors que l'on vous promet de vous aimer toû-
    jours ?
Que vous vous faites tort par de telles alar-
    mes,
Et connoiſſez bien peu le pouvoir de vos char-
    mes.
Hé bien, puis qu'il le faut, je jure par les Dieux ;
Et ſi ce n'eſt aſſez, je jure par vos yeux,
Qu'on me tuëra plûtoſt que je vous abandonne,
Recevez-en icy la foy que je vous donne,
Et ſouffrez que ma bouche avec raviſſement,
Sur cette belle main en ſigne le ſerment.

M E L I C E R T E.

Ah, Myrtil, levez-vous, de peur qu'on ne vous
    voye.

M Y R T I L.

Eſt-il rien. . . . . Mais, ô Ciel, on vient troubler ma
    joye.

Q   S C E-

SCENE IV.

LYCARSIS, MYRTIL, MELICERTE.

LYCARSIS.

Ne vous contraignez pas pour moy.
                    MELICERTE.
                              Quel sort fâcheux.
                    LYCARSIS.
Cela ne va pas mal, continuez tousdeux.
Peste, mon petit fils, que vous avez l'air tendre,
Et qu'en maistre déja vous sçavez vous y prendre.
Vous a-t-il, ce sçavant, qu'Athénes exila,
Dans sa Philosophie appris ces choses-là :
Et vous qui luy donnez de si douce maniere
Vôtre main à baiser, la gentille Bergere,
L'honneur vous apprend-il ces mignardes dou-
          ceurs,
Par qui vous débauchez ainsi les jeunes cœurs ?
                    MYRTIL.
Ah, quittez de ces mots l'outrageante bassesse,
Et ne m'accablez point d'un discours qui la blesse.
                    LYCARSIS.
Je veux luy parler moy, toutes ces amitiez....
                    MYRTIL.
Je ne souffriray point que vous la maltraitiez.
A du respect pour vous la naissance m'engage,
Mais je sçauray sur moy vous punir de l'outrage :
Oüy, j'atteste le Ciel, que si contre mes vœux,
Vous luy dites encore le moindre mot fâcheux,
Je vais avec ce fer, qui m'en fera justice,
Au milieu de mon sein vous chercher un supplice,
Et par mon sang versé luy marquer promptement
L'éclatant desaveu de vôtre emportement.

                                        ME-

MELICERTE.

Non, non, ne croyez pas qu'avec art je l'enflâme,
Et que mon dessein soit de seduire son ame :
S'il s'attache à me voir, & me veut quelque bien,
C'est de son mouvement, je ne l'y force en rien.
Ce n'est pas que mon cœur veüille icy se défendre,
De répondre à ses vœux d'une ardeur assez tendre.
Je l'aime, je l'avoüe autant qu'on puisse aimer :
Mais cet amour n'a rien qui vous doive alarmer,
Et pour vous arracher toute injuste créance,
Je vous promets icy d'éviter sa presence ;
De faire place au choix où vous vous resoudrez,
Et ne souffrir ses vœux que quand vous le vou-
    drez.

SCENE V.

LYCARSIS, MYRTIL.

MYRTIL.

ET bien, vous triomphez avec cette retraite,
  Et dans ces mots vôtre ame a ce qu'elle souhai-
    te :
Mais apprenez qu'en vain vous vous réjoüissez,
Que vous serez trompé dans ce que vous pensez,
Et qu'avec tous vos soins, toute vôtre puissance,
Vous ne gagnerez rien sur ma perseverance.

LYCARSIS.

Comment, à quel orgueil, fripon, vous vois-je
    aller ?
Est-ce de la façon que l'on me doit parler ?

MYRTIL.

Oüy, j'ay tort, il est vray, mon transport n'est pas
    sage :
Pour rentrer au devoir, je change de langage,
Et je vous prie icy, mon Pere, au nom des Dieux,
Et partout ce qui peut vous estre precieux,

De ne vous point servir dans cette conjonĉture,
Des fiers droits que sur moy vous donne la nature,
Ne m'empoisonnez point vos bien-faits les plus
    doux,
Le jour est un present que j'ay receu de vous :
Mais dequoi vous serai-je aujourd'huy redevable,
Si vous me l'allez rendre, helas, insupportable ?
Il est sans Melicerte un supplice à mes yeux :
Sans ses divins appas, rien ne m'est precieux,
Ils font tout mon bonheur, & toute mon envie,
Et si vous me l'ostez, vous m'arrachez la vie.

LYCARSIS.

Aux douleurs de son ame il me fait prendre part.
Qui l'auroit jamais cru de ce petit pendart ?
Quel amour, quels transports, quels discours pour
    son âge :
J'en suis confus, & sens que cet amour m'engage.

MYRTIL.

Voyez, me voulez-vous ordonner de mourir ?
Vous n'avez qu'à parler, je suis prest d'obeir.

LYCARSIS.

Je ne puis plus tenir, il m'arrache des larmes,
Et ce tendres propos me font rendre les armes.

MYRTIL.

Que si dans vôtre cœur un reste d'amitié,
Vous peut de mon destin donner quelque pitié,
Accordez Melicerte à mon ardente envie,
Et vous ferez bien plus que me donner la vie.

LYCARSIS.

Leve toy.

MYRTIL.
Serez-vous sensible à mes soûpirs ?
LYCARSIS.

Oüy.

MYRTIL.
J'obtiendray de vous l'objet de mes desirs.
LYCARSIS.

Oüy.   MYR-

MYRTIL.
Vous ferez pour moy que son Oncle l'oblige
A me donner sa main.
LYCARSIS.
Oüy, leve-toy, te dis-je.
MYRTIL.
O Pere, le meilleur qui jamais ait esté,
Que je baise vos mains, aprés tant de bonté.
LYCARSIS.
Ah, que pour ses enfans un pere a de foiblesse!
Peut-on rien refuser à leurs mots de tendresse,
Et ne se sent on pas certains mouvemens doux,
Quand on vient à songer que cela sort de vous?
MYRTIL.
Me tiendrez-vous au moins la parole avancée.
Ne changerez-vous point, dites-moy, de pensée?
LYCARSIS.
Non.
MYRTIL.
Me permettez-vous de vous desobeïr,
Si de ces sentimens on vous fait revenir:
Prononcez le mot.
LYCARSIS.
Oüy. Ha nature! nature,
Je m'en vais trouver Mopse, & luy faire ouver-
ture
De l'amour que sa Niéce, & toy, vous vous portez.
MYRTIL.
Ah, que ne dois-je point à vos rares bontez:
Quelle heureuse nouvelle à dire à Melicerte,
Je n'accepterois pas une Couronne offerte,
Pour le plaisir que j'ay de courir luy porter,
Ce merveilleux succez qui la doit contenter.

SCENE VI.

ACANTE, TYRENE, MYRTIL.

ACANTE.

AH, Myrtil, vous avez du Ciel receu des char-
    mes,
Qui nous ont preparé des matieres de larmes,
Et leur naissant éclat fatal à nos ardeurs,
De ce que nous aimons nous enlevent les cœurs.

TYRENE.

Peut-on sçavoir, Myrtil, vers qui de ces deux Bel-
    les,
Vous tournerez ce choix dont courent les nouvel-
    les,
Et sur qui doit de nous tomber ce coup affreux,
Dont se voit foudroyé tout l'espoir de nos vœux ?

ACANTE.

Ne faites point languir deux Amans davantage,
Et nous dites quel sort vôtre cœur nous partage.

TYRENE.

Il vaut mieux quand on craint ces malheurs écla-
    tans,
En mourir tout d'un coup que traîner si long-temps.

MYRTIL.

Rendez, Nobles Bergers, le calme à vôtre flâme,
La Belle Melicerte a captivé mon ame :
Auprés de cet objet mon sort est assez doux,
Pour ne pas consentir à rien prendre sur vous.
Et si vos vœux enfin n'ont que les miens à craindre,
Vous n'aurez l'un ny l'autre aucun lieu de vous
    plaindre.

ACANTE.

Ah, Myrtil, se peut-il que deux tristes Amans....

Ty-

TYRENE.

Eſt-il vray que le Ciel ſenſible à nos tourmens. . . .

MYRTIL.

Oüy, content de mes fers comme d'une victoire,
Je me ſuis excuſé de ce choix plein de gloire :
J'ay de mon Pere encore changé les volontez ;
Et l'ay fait conſentir à mes felicitez.

ACANTE.

Ah, que cette avanture eſt un charmant miracle,
Et qu'à nôtre pourſuite elle oſte un grand obſtacle.

TYRENE.

Elle peut renvoyer ces Nymphes à nos vœux,
Et nous donner moyen d'eſtre contens tous deux.

SCENE VII.

NICANDRE, MYRTIL, ACANTE, TYRENE.

NICANDRE.

S Cavez-vous en quel lieu Melicerte eſt cachée ?

MYRTIL.

Comment ?

NICANDRE.

En diligence elle eſt par tout cherchée.

MYRTIL.

Et pourquoy ?

NICANDRE.

Nous allons perdre cette beauté.
C'eſt pour elle qu'icy le Roy s'eſt tranſporté,
Avec un grand Seigneur on dit qu'il la marie.

MYRTIL.

O Ciel! expliquez moy ce diſcours, je vous prie.

NICANDRE.

Ce ſont des incidens grands & myſterieux :
Oüy, le Roy vient chercher Melicerte en ces lieux ;

Et

Et l'on dit qu'autrefois feu Belise sa mere,
Dont tout Tempé croyoit que Mopse étoit le frere.
Mais je me suis chargé de la chercher par tout,
Vous sçaurez tout cela tantost de bout en bout.

MYRTIL.

Ah Dieux, quelle rigueur! hé Nicandre, Nicandre.

ACANTE.

Suivons aussi ses pas, afin de tout apprendre.

Fin du second Acte.

Cette Comedie n'a point esté achevée. Il n'y avoit que ces deux Actes de faits, lors que le Roy la démanda. Sa Majesté en ayant esté satisfaite pour la Feste où elle fut representée, le Sieur de Moliere ne l'a point finie.

FIN.